So viele Menschen auf dieser Welt fliehen vor Durst, Hunger, Kriegen,

Bomben, Minen, Katastrophen, Anfeindungen und Gewalt!

Vorwort

Mein Gedicht „Mensch" schrieb ich vor 26 Jahren.

Mein Gedicht „Die Welt in seinen Händen" schrieb ich 20 Jahre später.

20 Jahre liegen zwischen diesen beiden Gedichten!

Inhaltsverzeichnis

Mensch

Mensch, kannst du das Meer dort sehen,
wie's die Wellen tragen kann?
Möchtest es gern mal bezwingen,
weil man Siege sammeln kann?

Mensch, kannst äuß're Werte sehen,
Charme und Chic und Geld und Macht?
Fehlen dir für inn're Werte
manchmal nur ein bisschen Kraft?

Mensch, kannst voller Stolz noch gehen?
Aufrecht heut, durch uns're Zeit?
Armut, Hunger, Leid und Schrecken,
sind von dir so weit – so weit?

Mensch, kannst viele Leiden heilen,
lehrst die Blinden wieder seh'n!
Und lehrst denen, die gar steif,
heute wieder aufrecht geh'n!

Mensch, du kannst dich fortbewegen,
mit dem Flugzeug, Bahn und Bus!
Hast den Mond auch schon erobert
und machst lange noch nicht Schluss!

Mensch, kannst du die Kriege zählen,
die du schon gekämpfet hast?
Hast du für so viele Kreuze
hier auf Erden auch noch Platz?

Mensch, kannst du die Tränen sehen,
wie sie schwimmen wie ein Strom?
Irgendwann, so denkst du sicher,
trocknet sie der Herrgott schon!

Mensch, lehrt dich dein Glaube richten,
über and're Menschen heut?
Lehrt er dich gar Steuern zählen -
dann winkt Gottes Herrlichkeit?

Mensch, er lehrt dich sich bewegen,
hin zum Frieden, weil's sich lohnt!
Weil der Friede, wenn's dir wichtig,
tief in deinem Herzen wohnt!

Mensch, er lehrt dich herzlich lachen,
miteinander, nicht allein!
Denn, gemeinsam sich noch freuen,
das kann nur ein Reichtum sein!

Mensch, er lehrt dich alles teilen!
Deine Welt, um die es geht!
Damit in vielen Jahren später,
niemand vor den Scherben steht!

Mensch, er lehrt dich was zu schaffen!
Veränderung wird anerkannt!
Sorg für Herzlichkeit und Wärme!
Mensch gebrauch deinen Verstand!

Gabi Pfütze

"Die Welt in seinen Händen"

"Ich streck' zu Dir die Hände aus!
Doch Du kannst sie nicht seh'n!
Vielleicht - weil viele so wie Ich -
jetzt g'rade vor Dir steh'n!

Auch sprichst Du meine Sprache nicht!
Weißt nicht, wovon Ich träum'!
Würd' wagen manchen Schritt Ich nicht -
wüßt' nicht was Ich versäum'!

Ich träum' von Gottes schönen Gaben!
Von Regen, Sonne, Schnee!
Ich träum' davon - wenn Ich mit Dir -
durch seine Pfützen geh'!

Wir tanzen unterm Regenbogen!
Und füttern uns mit Schnee!
Ich träum' davon, dass Ich auch stets -
die Tränen and'rer seh'!

So manche Träne trocknet -
der Wind - den Gott bestellt!
Nicht überall auf dieser Welt -
er's Menschenherz erhellt!

Einst sah Ich Menschen auf dem Meer -
die kämpften gar so sehr! -
Gegen Wind und Wasser! - _"Um ihr Leben!"_ -
Für Sie war es zu schwer!

Sie stehen heute nicht wie Ich! -
Mit ausgestreckter Hand!
Wie so viel' and're auf dem Meer -
auch "Mama" dort verschwand!

Doch - neben mir ein and'rer Junge! -
Er reichte mir die Hand!
Er weinte Tränen! - Immerfort! -
Uns beide - dies' - verband!

Weit war der Weg für uns hierher!
Wir steh'n zusammen dicht!
"Sieh!" - "Dort sind Stacheln an dem Zaun!"
"Gib Acht!" - "Verletz' Dich nicht!"

Hätt' Gott die Gaben für die Welt -
doch nur gerecht verteilt!
Vielleicht - bin "Ich" es gar einmal -
der ihm zur Hilfe eilt!

Ich lass' die Menschen sich nicht sehnen -
nach Wasser oder Brot!
"Ich seh' der Menschen stete Gier -
und - "Seh' auch ihre Not!" !"

"Mein Papa!" - Tätowierer in Damaskus! -
Der konnte dies' all' seh'n!
Einst schrieb er auf die Hände mir -
was "Menschen" nicht könn' seh'n!

Wenn Ich auch einst die Augen schließe! -
"Vielleicht - vor diesem Zaun?!"
Wünsch' Ich mir - würden doch die Menschen -
auf meine Hände schau'n!

Dort siehst Du Gizeh, siehst Aleppo!
Du siehst den Kölner Dom!
Du siehst nach Tibet, nach New York!
Nach Rio und nach Rom!

Du siehst nach Jemen! Nach Uluru!
Nach Chile und Bahrain!
Nach China! Finnland! Frankreich! Schweden!
Er malte alles klein!

Er malte Irland! Malte Indien!
Er malte Kanada!
Er sagte dabei leis' zu mir:
"Wie gern' wär Ich mal da!"

Du findest Polen! Findest Ungarn!
Auch London! Kasachstan!
Dann steht - ganz klein - dort noch geschrieben -
was "Papa's Augen" auch schon sah'n!"

""Soll mein geliebtes Kind einst schließen -
die Augen hier auf Erden! -
Ich möcht'! - "Es soll in Frieden geh'n!"
"Der Waffen sich verwehren!"

So legt ihm bitte seine Hände -
auf seine nackte Brust! -
Dort malte Ich ihm auch ein Bild!
"Er hat es stets gewusst!"

Voll Hoffnung wählte er den Weg -
zusammen mit "Mama!" !
"Im Krieg! - Durch Menschenhand Ich starb!"-
"Der Kleine" - dies einst sah!

Ich malte unter Tränen einst!
Ihm - wo sein "Kleines Herz!"
"Er hat - verdient - ' n' en Platz im Himmel" -
"So.......gern' hat er gescherzt!"

Auf diesem Bild an einem Zaun!
"Steht dort ein Kind im Glück?" -
Streckt seine beiden Hände aus:
"Für mich gibt's kein Zurück!"

Von hinten drängt die Menge sehr!
"Der Zaun - "Die Last" - nicht hält!" -
"So....... viele Menschen auf der Flucht!" -
"All' Kinder dieser Welt!"

"Ich hab' gehofft er ständ' nicht dort!" -
"Die Welt in seiner Hand!"
Und seine Augen fragen stumm:
"Ist dies ein - friedlich' Land?""

""Nun ruh'n zwei Hände auf der Brust!
Das kleine Buch ist zu!" -
"So........viel hätt'st Du bewegen können!"
"Ein guter Mensch warst Du!""

Gabi Pfütze

„Der Wellen schöner Klang?"

Einst hörte Ich so gern´ das Rauschen!
Der Wellen schöner Klang!

Die Sonne auf - und untergeh´n -
wollt´ seh´n Ich stundenlang!

Doch heut´ will Ich nicht mehr d´ran denken!
Würd´ die Erinn´rung gern´ verschenken!

Nur wem? Ich würde keinen finden, -
denn niemand würd´ es je verwinden!

Denn so vertraut war seine Stimme -
und auch der Arm der mich umschlang!

„Glaub´ mir!" - „Wir finden eine Heimat!" -
„Es dauert nicht mehr allzu lang´!"

Er gab mir seine Hand - wir gingen! -
All´ in das Boot - so viele Mann!

Hab´ einst gedacht das - „Böötchen fahren" -
uns ries´gen Spaß nur bringen kann!

Nein! - Papa´s Augen die verrieten -
wir hatten keine and´re Wahl!

Es war ein wackeliges Schlauchboot -
und so viel´ Menschen an der Zahl!

War dies die Heimat, die wir suchten?
Warum ließ Gott uns nur allein´?

Hab´ nicht gewusst, dass auch die Tränen -
„von Papa´s" können salzig sein!

Er hielt mich fest - „Ich lieb´ Ihn sehr!"
„Mein Papa gibt mich niemals her!"

Die Schreie - meines Freundes - „Nein!"
Die konnten nicht vor Freude sein!

Und als der Morgen dann erwacht -
sah Ich das Grauen dieser Nacht!

Gabi Pfütze

„Ein treuer Weggefährte"

Einst stand Ich mal im Nirgendwo!

Da kam ein Hund von Irgendwo!

Wollt´ lecken mir die Wunden rein!

„Lass mich stets Dein Begleiter sein!"

Wir beide haben uns vertraut!

Hab´n auf einander stets gebaut!

Wir beide waren richtig froh!

Wir hatten uns im Nirgendwo!

Dann kam der Abschied für uns zwei!

Wo immer - Nirgendwo - auch sei!

Ich fuhr allein - stieg in das Boot!

Hatt´ ew´ge Freundschaft Dir gelobt!

Im Nirgendwo der Krieg regiert!

Ein Krieg - nichts - außer Hass nur schürt!

Ein Menschenleben hier nichts zählt!

Tagein - Tagaus - der Hunger quält!

Ich muss nun geh´n!

Bin gar nicht froh!

Lass Dich zurück! -

Im Nirgendwo!

Gabi Pfütze

„Es ist"

Es ist die Gier,

die die Sehnsucht nach Waffen nährt!

Es ist die Waffe,

die dank der Gier ganze Welten zerstört!

Es sind die Welten,

die Lebewesen eine Heimat gern´ geben!

Es ist die Heimat,

deren Wurzeln wir Menschen so lieben!

Es sind die Wurzeln uns´res Seins,

die wir möchten nicht missen!

Es ist die Wertschätzung des Lebens,

die bei manch einem zerrissen!

Es ist die Träne des and´ren,

die er weint auf sein Kissen!

Es ist das Lachen des Menschen,

das die Welt wird vermissen!

Es sind die Berge von Müll,

die das Fischsterben nähren!

Es sind die Fische,

die die Menschen stets ernähren!

Es ist der Hunger nach Nahrung,

der den Menschen lässt morden!

Es ist die Sehnsucht nach Wasser,

deshalb flieht man in Horden!

Es sind die Kriege, die Waffen,

der Luxus der Welt –

die ein jeder „wie auch Du"

in Händen stets hält!

Es ist die Hand,

die Du gibst einem Mensch der geflohen!

Es ist das Vorbild, das Du lebst,

das die Menschheit nicht lässt verrohen!

Gabi Pfütze

Für die Kinder dieser Welt

Schenk der Erde Lächeln –
den Kindern dieser Welt!

Reich die Hand zur Hilfe –
dies jedem doch gefällt!

Bring der Erde Früchte –
weit in die Welt hinein!

Schreib: „Ihr sollt alle teilen!" –
auf jeden kleinen Stein!

Trag stolz der Erde Farben!
Ja! – Es ist Deine Haut!

Dies ist ein Gut das niemand –
dem Andern jemals klaut!

Schön wenn wir „Liebe" schenken! –
Egal ob arm ob reich!

Ob hell oder ob dunkel –
Vor dem Herrgott sind wir gleich!

Gabi Pfütze

"Geh Mutter - und trau´Dich zu bitten"

Kein Mensch wird gefragt:

„Ob und wo willst Du leben!"

Das Schicksal hat einfach

einen Platz Dir gegeben!

„Sag lebst Du im Reichtum?

Hast jeden Tag Freud´?

Lebst mit all´ Deinen Lieben?

Und Dich achten die Leut´?"

Ich halte im Arm

mir das Wertvollste auf Erden!

Das ist mein Kind

und Ich kann´s nicht ernähren!

Ich kann´s nicht beschützen!

Und Ich bin nicht allein!

Hab´ mich oft schon gefragt:

„Muss das so für uns sein?"

Hast die Kraft Du zu schreien?

Dann schrei´s in die Welt!

„Schrei ganz laut –

dann vielleicht es die Herzen erhellt!"

„Ich möcht´ meinem Kind

meine Heimat gern´ geben!

Möcht´ genährt, unversehrt

und in Frieden hier leben!“

„Das Schicksal hat uns

diesen Ort auserkoren!

Hab Ich deshalb so vieles –

was Du hast – verloren - ?“

„Wenn´s Dich gibt – schau´ nicht zu!

Versuch´ es zu richten!

Armut, Hunger und Leid –

Du bestimmt kannst vernichten!“

Glücklich – wer –

wohlgenährt und in Frieden darf leben!

„Gott hat uns allen

diese Welt hier gegeben!“

Schau´ rechts – und schau´ links!

„Kannst für uns Du was richten?“

„Du brauchst Dich auch nicht

auf ewig verpflichten!“

„Irgendwann – wir allein –
unser Land dann bestellen!
Genug Nahrung und der Friede
unser Herz wird erhellen!"

„Dann hast Du uns gerettet!
Mein Kind und mein Land!
Bist Du einst mal in Not –
reich auch Ich Dir die Hand!"

Gabi Pfütze

„ Abdo aus Kobane "

Erzähl´mir von

Abdo aus Kobane!

Nein! Erzähl´ nicht weiter!

Ich ahne! Ich ahne!

Die Kriegswirren

zwangen ihn zur Flucht!

Die Bombe schlug ein –

mit voller Wucht!

Wo ist Abdo?

Wo ist er?

Seine Bäume –

gibt es nicht mehr!

Olivenbäume!

Zweitausend an der Zahl!

Vor drei Jahren –

sah er sie zum letzten Mal!

Binnen dreißig Minuten

war alles zerstört –

was Abdo aus Kobane

hatte je gehört!

Kein Nachbar, kein Freund –

konnte sich retten!

Wie im zerstörten Kobane

sich betten?

Alles!

Wirklich alles war zerstört!

Was Abdo aus Kobane

hatte je gehört!

Gabi Pfütze

„ In der Not"

Ein Mensch – so viel Geld! –
Doch Ich hab´ es gegeben!
Ich wollt´ in Europa –
ein ganz neues Leben!

Ein Mensch – so viel Kraft! –
Wollt´ den Traum nicht versäumen!
Das Schlachtfeld – der Heimat –
- der Heimat – zu räumen!

Geblieben ist nichts mehr! –
Verschwunden geschwind! -
Der Terror regierte! –
Und mir alles nimmt!

All´ meine Lieben! –
Die Ich einst hab´ besessen! –
Mein Lebtag werd´ Ich sie –
doch niemals vergessen!

Unter Trümmern begraben! –
Weiß nicht mal, wo sie sind! –
Wisst Ihr – nicht – wie sinnlos –
die Kämpfe hier sind?

Gebt ihr keine Waffen! –
Wird der Krieg auch verhall´n! –
Sind denn nicht – genug –
- Genug Menschen gefall´n? –

Es sind – Alte – und – Kranke -!
Auch ein Vater mit Kind!
Da im Boot sich die Schwester
des Bruders – annimmt -!

Dann kommt sie – die Welle -! –
Reißt die beiden entzwei!
In der Stunde des Todes –
steh´n sie einander – nicht bei!

Man ist völlig machtlos! –
Gegen Wasser und Wind! –
Ein Licht in der Ferne! –
Da kommt Rettung – geschwind?

Gabi Pfütze

„ Mein letzter Blick galt meinem Brautkleid!"

Für mich war es nicht nur ein Traum -
„Als Deine Augen auf mich schau´n"!

All´ uns´re Lieben - sie war´n da!
„Mir" gab es einst „Die Großmama"!

Auch „Mama" trug es einen Tag!
Weil Sie den Papa auch so mag!

An diesem Abend - „das erste Mal" in meinem Leben -
hab „Ich" mich „Dir" - vollkommen hingegeben!

In uns´rer Heimat - konnten wir -
„dies" - nicht noch einmal tun!

Selbst „Nächtens" - war´s uns nicht vergönnt! -
Wir konnten nicht mehr ruh´n!

Aus diesem Grund - drum sind Sie alle -
von hier einst fortgegangen!

Ich weiß längst - wenn auch wir nicht geh´n -
wird hier uns noch der Tod einfangen!

Du nahmst Dir schnell noch „Das Papier" -
damit ein jeder weiß:

„Auch in der Fremde! - Überall! -
Glüht uns´re Liebe heiß!"

Ich hätt´ es so gern´ mitgenommen -
„Für uns´re kleine Maus"!

Denn irgendwann mal kommt der Tag,
dann zieht „Ihr Schatz" es aus!

„Die Farbe" - wird´s in etwa sein!
Auch - „Für die kleine Maus"!

Denn wie so oft auf dieser Welt - sucht meist -
„Die Braut" - sich gar so gern´ - „DIE FARBE WEISS" doch aus!

Als „Friedensfahne" - sollt´ es dienen -
„Den Frau´n im Nachbarhaus"!

Sie hingen - alle mal - „ihr Brautkleid" -
einst - allesamt - „zum Fenster raus"!

Zerfetzt - von Bomben - und zerschossen!

Manch eins - gar blutverschmiert -!

Wer hier noch bleibt - auf jeden Fall -
sein Leben nur riskiert!

„Mein Blick" - ist voller Traurigkeit -
und „schweift" nochmal „zurück"!

„Ich hoff´ hier kehrt bald Frieden ein!"
„Bring´ einer and´ren Glück!"

Gabi Pfütze

„Mutters Wille"

Dich mögen Deine Füße tragen
durch eine schöne Zeit -
die hält Dein Leben hier auf Erden
voll Hoffnung stets bereit!

Sollst auf dem „Pfad der Liebe" wandern
vor Gottes Angesicht!
Dein Lächeln zaubert dann den and´ren
ins Herz ein ew´ges Licht!

Dein Herz voll Frieden ihn beschreitet -
durch uns´rer aller Welt!
Die jeder - so wie Du „geboren" -
in seinen Händen hält!

„Ein Gut", das ohne Grenzen einst -
den Menschen ward gegeben!
Dein Herz und Dein Verstand sind es -
die Grenzen niederlegen!

Denn Sanftmut und auch Güte sind -
der richt´ge Weg im Leben!
Dafür der Schöpfer Kraft Dir gibt,
die Stimme zu erheben!

Dabei nimm viele Menschenkinder
in Freundschaft an die Hand -
und lass sie gleiten wie auf Wogen
durch unser aller Land!

„Ein Land" - für Große und für Kleine,
für Vater, Mutter - Kind!
Für „jedes Menschenkind auf Erden" -
ist diese Welt bestimmt!

Es ist nur „wichtig!" - „wirklich wichtig!" -
dass hier die Vielfalt stimmt!
Denn dann! - Nur dann! -
uns wirklich - „Allen!" - ein schönes Dasein winkt!

„Wir können! " - „Müssen!" - voneinander lernen -
„wie schön - die bunten Worte klingen!" -
„und unermesslich!" - „Wunderschön!" -
ist das, was wir gewinnen!

Unendlich viele Freunde dann -
Dich auf dem Weg begleiten!
Mal hell, mal dunkel, groß und klein -
des Weges Dich geleiten!

Dann laut soll Euer Lachen schallen! -
Ist mal der Weg nicht eben, -
dann wischen bunte Hände weg, -
die Tränen einst im Leben!

Doch keine Hand in Deinem Leben
kommt der, der Mutter gleich -
nur sie - sie schenkten einst den Kindern -
wie Dir - dies Himmelreich!

„Ein Himmelreich voll Menschlichkeit,
voll Frieden sollst verwalten!
Bewahr´ es voller Achtsamkeit!
Lass Mutters Wille walten!"

Gabi Pfütze

„Nur einer von vielen!"

Ich mal´ gern´
einen Engel -
in Sand -
oder Schnee!

Ich mal´ gern´
einen Engel -
Nein! -
Das tut mir nicht weh!

Ich beweg´ -
meine Arme -
auf und ab
dann geschwind!

Ja! Weil -
groß und gewaltig
Engelflügel
stets sind!

Sie sollen -
beschützen -
und auch -
Zuflucht Dir geben!

Ein jeder -
von uns -
braucht -
einen Engel im Leben!

Doch? -
wo war -
der Engel
für Dich kleiner Mann?

Als -
Dein Geist -
schon lang´ -
nach Hilfe nur sann?

Er trug -
Dich -
ganz sanft -
von Wellen getragen -

irgendwo -
an den Strand! -
Tu´ mich -
weiter nicht fragen!

Gabi Pfütze

„Siehst Du die kleinen Füße?"

Siehst Du die kleinen Füße?-
Wie stetig sie doch geh`n?
Ob solche kleinen Füße -
die Welt auch schon versteh`n?

Sie wandern durch die Länder!
Ohne Ruh` und ohne Rast!
Mit einem Blick hast Du nicht -
die Füße all´erfasst!

Millionen kleiner Füße!
Vertrieben aus dem Land!-
Das sie einst „ganz von Herzen" -
gern „Heimat" hab´n genannt!

Es sind unsagbar viele!
Bei Tag und auch bei Nacht!
Sie träumen nur vom Ziele -
was schwindet ist die Kraft!

Sie träumen nicht „wie Kinder" -
auf Erden „träumen soll´n"!
Hast Du sie schon gebrochen?
Weißt Du, was sie hier woll`n?

Sie wollen nur ein Mensch sein -
auf dieser „weiten" Welt!
„In Frieden sich begegnen -
wo´s immer uns gefällt!"

Wo ihre Träume tanzen -
wie Gräser dort im Wind!
Weil diese kleinen Füße -
die von Gotteskindern sind!

Gabi Pfütze

„So manche Augen sprechen"

Am Straßenrand saß ganz allein´ -
ein altes, trauriges Mütterlein!

Dann sagen ihre Augen stumm –
„Guck Dich doch in der Welt mal um!"

„So leb´ Ich jetzt schon viele Jahr´!"
„Für mich – es – niemals – anders war!"

„Bin auch ein Mensch, der vieles kann!"
„Auch Ich lehn´ mich gern´, so gern´ an!"

„Spür´ in mir – Liebe! Immerzu!"
„Ich liebe Menschen! Wen liebst Du?"

„Liebst Du das Streben nach der Macht?"
„Schon zwischen Bomben aufgewacht?"

„Weißt? – was der nächste Tag Dir bringt?"
„Ob – „Hunger stillen" – Dir gelingt?"

„Es gibt so vieles noch zu tun!"
„Lass – <u>bitte</u> – Deinen Krieg doch ruh´n!"

„Schau´ Dir doch Deine Brüder an!"
„Hier nimmermehr man leben kann!"

„Denn die Erinn´rung wird es sein, -
sie wiegt viel schwerer als ein Stein!"

„Und diese Last, -
begreif´ es - Mann -,-
hier niemand mehr
ertragen kann!"

Gabi Pfütze

„Unter Freunden"

Du wirst niemals fremd sein -

in irgendeinem Land!

Geh´ zu den Kindern!

Dort! reicht - man - Dir die Hand!

Manch eine ist dunkel!

Manch eine ist hell!

Manch eine, die drückt Dich -

solang´ wie sie will!

Manch eine ist warm!

Manch eine ist kalt!

Manch eine sucht Schutz!

Gib so manch einer Halt!

Denn das, was Du gibst -

wird manch einen bewegen!

Gemeinsam „in Frieden" -

so lässt es sich leben!

Wenn jeder - für sich -

sein Süppchen nur braut!

Und keiner mehr gern´

nach dem Anderen schaut! -

Dann gibt´s nur noch - Ich -

und das - Wir - geht verloren!

Wofür ward denn einst -

„Shake Hands" - mal geboren?

„Die Sprache" - sie spricht man

überall auf der Welt! -

Ein Zeichen der Freundschaft! -

Für mich es noch zählt!

Dabei kann Ich - tief -

in die Augen Dir schau´n!

Wir werden gemeinsam

die Zukunft aufbau´n!

Wir krempeln die Welt um! -

Der Mensch soll sich regen! -

„Zusammen" - wir vieles! -

„So vieles" - bewegen!

Gabi Pfütze

„Wer weiß"

Wer weiß, wie viele Leben

der Schöpfer uns gegeben!

Wer weiß, wie viele Tränen

die Menschen nicht erwähnen!

Wer weiß, wie viele Bäume

noch unser Leben schmücken!

Wer weiß, wie viele Freunde

im Leben uns beglücken!

Wer weiß, wie viele Kinder

noch lernen „Brücken bauen"!

Dazu gehört „von Herzen"

den Menschen „zu vertrauen"!

Wer weiß, wie viele Kinderherzen

wir Menschen hab´n gebrochen!

Was haben wir doch alles

den Kindern einst versprochen!

Wir alle halten Frieden

und Liebe stets in Händen!

In uns´rer Hand da liegt es,

die Kriege zu beenden!

D´rum reich mir Deine Hand heut´,

vertraue auf das Leben!

Das Dir einst ganz von Herzen

der Schöpfer hat gegeben!

Gabi Pfütze

„Winterzeit am Grenzzaun"

Sie glänzen hell! – Wie Diamanten! –
Schneebedeckte Stacheln! – Kilometerlang! –

Dienen sie der Zierde meiner Heimat?
Ich dies – niemals – erfassen kann!

Nicht etwa – Igelstacheln – schimmern!
Nein! – Auch die von Bäumen oder Sträuchern nicht!

So manch ein Stachel hinterließ –
was „Dir" – noch heut´ - steht zu Gesicht!

An so manch einem – unverkennbar! –
da war ein wenig Blut noch dran!

Leicht rosa! – schimmert – manch ein Diamant –
den Deine Hand nicht fassen kann!

Gibst Du ihm Deine Körperwärme –
dann schmilzt er rasch – ganz rasch dahin!

Was bleibt! – Ist eine Spur von Blut! –
Mir! geht sie niemals aus dem Sinn!

Grad´ „Rot" – beglückt die Herzen sehr!
Die Farbe der Liebe!
Hier fehlte sie sehr!

Gabi Pfütze

„Bitte schenk´ mir schöne Träume"

Einst hab´ Ich einen Traum geträumt!
Im Leben hätt´ Ich nichts versäumt!

Wollt´ mit Dir gern´ den Himmel seh´n!
Und über weiße Felder geh´n!

Die Nacht mit Dir zum Tag gemacht!
Und neben Dir stets aufgewacht!

Dann fühlt´ Ich war das Bett sehr hart!
Und neben mir ´ne Mutter wacht!

Bei ihrem Kind – es war noch klein!
Doch rechts – fehlten ihm Arm und Bein!

Die Träume – muss Ich Euch gesteh´n, -
die wollte Ich doch niemals seh´n!

Hob meine Decke – ganz leicht an!
Schau nach! Bei mir ist alles dran!

Gabi Pfütze

Der Schreiber

Ich möcht' so gern' den Menschen geben
die Farben dieser Welt!
Die klar und bunt uns Freude schenken -
weil dies uns gut gefällt!
Wenn Du sie pflegst, dann kommen sie
auch wieder bei Dir an!
Sie tauchen diesen Ball „in Licht„ -
ein ganzes Leben lang!

Ich möcht' so gern' Dein Herz erobern -
Weil Du mir gut gefällst!
Weil Du wie niemand auf der Welt -
sonst - meine Hand je hältst!
Denn nur die Liebe wird uns helfen -
zu wandern durch die Zeit!
Sie ist ein Schatz, - der immerzu -
in Deinem Herzen bleibt!

Ich möcht' so gern' den Menschen sagen:
„Sucht Frieden auf der Welt!"
„Sonst ist es „für ein Kind der Liebe" -
hier niemals gut bestellt!"
Der Krieg, der fängt im Kleinen an!
Möcht' schützen gern' mein Haus!
Denn alle Menschen, die Ich liebe -
geh'n hier doch ein und aus!

Ich möchte nicht die Schuhe stellen -

an jeden Wegesrand!

Die einst die Heimat rasch verließen!

Den Krieg - zu spät - erkannt!

In vieler „Mütter - Arme" lagen die Kinder dieser Welt!

Auch Ich hab immer zugeschaut, als Hunger sie gequält!

Sie - schickten Bomben und auch Minen

vor Gottes Angesicht!

Ich schäm' mich heut'! Hab' nicht gesagt:

„Lasst sein! -Ich will das nicht!"

Ich möcht' so gern die Tränen trocknen -

die vom Gewehr benetzt!

Möcht' Waffen - ! all ! - im Meer versenken -

hab' mächtig mich verschätzt!

Dann! - Hätten wir der Meere nicht! -

Zahlreich! - Ich hab's gelesen!

Und so viel' Menschen schreien dann:

„Ich bin es nicht gewesen!"

Und doch! Wir fänden noch 'nen Stein! -

An jedem Wegesrand!

Wir nähmen ihn - weil wir so sind -

als Waffe in die Hand!

Er könnte über's Wasser springen! -

Hätt' Ich der Meere noch!

Stattdessen werfen wir einander -

jetzt in den Kopf - ein Loch!

Nun - möchte Ich von Dir gern' wissen:

„Was schreibst Du immerzu?"

Und freundlich gibst Du mir auch Antwort! -

Sagst: „Ich war einst wie Du!

Ich trug der Erde Lichter

und Liebe stets in mir!

Doch durch der Menschen Willkür -

ging Ich durch diese Tür!

Sie lässt mich heut' betrachten,

die Welt in diesem Licht!

Nun weiß Ich - selbst im Kleinen -

gibt es den Frieden nicht!

Doch!

Hätte Ich die Hoffnung nicht!

Hielt' -

diesen Stift nicht in der Hand!

Dann würde Ich den Traum verschenken,

der Menschen einst verband!

Den Traum von steter Herzlichkeit,

den wir einander schenken -

der wird am Ende hoffentlich,

uns - „Richtung Frieden" - lenken!"

Gabi Pfütze

Nachwort

In Liebe widme ich diesen Gedichtband „meinen lieben Eltern".

Meine Mutter wurde am 04.05.1934 in Kürten-Dürscheid geboren.

Und mein Vater wurde am 18.01.1937 in Köln-Zollstock geboren.

Sie haben beide als Kinder einen Krieg miterlebt!

Anlässlich des 80. Geburtstags meines Vaters habe ich ihm ein Lied geschrieben!

Den Liedtext finden Sie auf den folgenden Seiten.

Es ist auf Kölsch geschrieben (da mir die kölsche Rechtschreibung nicht wirklich geläufig ist, habe ich es einfach so geschrieben, wie ich es ausspreche).

Es handelt vom Leben meines Vaters, der als „Weißer Jahrgang" in Köln aufgewachsen ist und dessen Mutter eine „Trümmerfrau" war.

Es beschreibt kurz die Entbehrungen im Krieg sowie danach, - die schwierige Beschaffung von Nahrungsmitteln und Kohlen, - den Aufbau Kölns nach dem Krieg, - die Sehnsucht nach einem Menschen, bei dem man sich anlehnen kann, - den Wert einer Heimat und zum Schluss heißt es übersetzt:

> „Denn als der Krieg für uns vorbei war –
>
> trug so manch einer nur sein Hemd!
>
> Die ganze Welt hat uns geholfen!
>
> Wir wissen Hilfe das tut gut!
>
> Und lassen wir die Waffen ruhen –
>
> dann sind nicht so viele Menschen in Not!"

"Ich bin durch un durch ne Kölsche"

Refrain: Ich bin durch un durch ne Kölsche!

Han et Hätz am räächte Fleck!

Häs Du dann un wann ens Sorje –

bütz Ich Dir die ejnfach weg!

Ich lääv jän in minger Heimat! –

Minger schönen Stadt am Rhing!

Ich bin stolz dodrup ne Kölsche –

ene Kölsche Fetz zo sin!

1. Als wießer Johrjang he jebore! –

Ming Mam die wor en Trümmerfrau!

Jo mir verstunten uns im „Fringsen" –

un och janz jod im „Klütteklau"!

Su manch ne Draum sich nit erfüllte –

„Ich wollt jän spille beim FC!"

Manch ejner vun üch deit et wissen –

„Paar Foßballschoh deit domols wih!"

Refrain:

2. Un su verjingen eh paar Johre! –

   Uns Kölsche Heimat upjebaut!

   Dä ejne Draum dä kunnt Ich knicke! –

   Dä Kölsche stetig vürwärts schaut!

   Wollt jän mi Hätz janz flöck verliere!

   Die Ihrestross wor rappelvoll!

   „ Kumm schönes Fräulein loss mer fiere!"

   Dä Rusemondaach dä wor toll!

Refrain:

3. Ich kom us Zollstock! –

Du us Dürscheid!

Mir trocken och ens durch de Welt! –

„Doch dat Jeföhl vun ächter Heimat –

uns Beiden doch dann immer fählt!"

„He sin uns Pänz, he spillt dat Lääve!" –

„Zum Foßballplatz jon Ich jän hin!"

„Ich lääv su jän he in Köln-Flittard!"

„Nur do jehür Ich iwich hin!"

Refrain:

4. Mir schrieven 20. Johrhundert!

   „Luur aan wat han mir all jestemmt!"

   Denn als der Kreech für uns vorbej wor –

   troch su manch ejner nur si Hemb!

   „Die janze Welt hät uns jeholfen!"

   „Mir wissen Hilfe dat dejt jod!"

   „Un losse mir die Waffen ruhen, -

   dann sin nit suvill Lück in Nut!"

Gabi Pfütze

Impressum

© 2021 Gabi Pfütze

Autor: Gabi Pfütze

Verlag & Druck: tredition GmbH, Halenreie 40-44, 22359 Hamburg
Hardcover ISBN: 978-3-347-15582-4
Paperback ISBN: 978-3-347-15581-7
E-Book   ISBN: 978-3-347-15583-1

Bibliografische Information der Deutschen Nationalbibliothek:
Die Deutsche Nationalbibliothek verzeichnet diese Publikation in der Deutschen Nationalbibliografie; detaillierte bibliografische Daten sind im Internet über http://dnb.d-nb.de abrufbar.

Alle Namen und Ereignisse sind frei erfunden, alle Übereinstimmungen mit der Realität sind rein zufällig und nicht beabsichtigt.

FSC

www.fsc.org

MIX

Papier | Fördert
gute Waldnutzung

FSC® C083411

Zeitfracht Medien GmbH
Ferdinand-Jühlke-Straße 7
99095 Erfurt, Deutschland
produktsicherheit@kolibri360.de